Rezepte:

Saucen zum Spargel

Sauce Hollandaise

100 g	Butter, in Stücken
60 g	Weißwein
1 TL	Zitronensaft
4	Eigelb
1 TL	Zucker
½ TL	Salz
1 Pr.	Pfeffer
50 g	Crème fraîche

Zubereitung:

• Alle Zutaten (außer Crème fraîche) in den Mixtopf geben und **6 Min./80°C/Stufe 4** erhitzen.
• Crème fraîche zugeben und **8 Sek./Stufe 3** unterrühren.

Tipp: Sie können auch Kräuter wie Petersilie, Basilikum oder Schnittlauch unter die Sauce rühren.

Gesamt: 1276 Kcal | 9 g KH | 15 g EW | 128 g Fett

Basilikum-Tomaten-Sauce

6-8	Basilikumblätter
200 g	Sahne
100 g	Milch
2 EL	Tomatenmark
2 Ecken	Schmelzkäse à 25 g
½ TL	Salz
1 Pr.	Pfeffer, frisch gem.

Zubereitung:

• Basilikum in den Mixtopf geben und kurz auf **Stufe 10** zerkleinern.
• Restliche Zutaten zugeben und **5-6 Min./100°C/Stufe 3** aufkochen.

Ggf. mit Parmesan verfeinern. Wer die Sauce etwas sämiger möchte, kann 2 TL Speisestärke zugeben.

Gesamt: 830 Kcal | 17 g KH | 16 g EW | 79 g Fett

Dazu passt:
• Schinken
• Kartoffeln
• Nudeln

Perfekt zu weißem Spargel!

Dazu passt:
• Schweinefilet
• Parmaschinken
• Hähnchen / Pute
• Nudeln

Perfekt zu grünem Spargel!

Zitronen-Basilikum-Sauce

1	Bio-Zitrone
200 g	Sahne
2 TL	Gemüsebrühpulver
	Salz
	weißen Pfeffer
1 TL	Öl
2	Eier, davon das Eigelb
3-4	Basilikumblätter, in Streifen geschnitten

Zubereitung:

• Von der Zitrone die Schale fein abreiben und in den Mixtopf geben.
• Restliche Zutaten (außer Basilikum) zugeben und **4 Min./90°C/Stufe 3** aufkochen. Sauce zum Essen servieren und mit Basilikumstreifen bestreuen.

Gesamt: 834 Kcal | 20 g KH | 14 g EW | 78 g Fett

Meerrettich-Dill-Sauce

1 Bd.	Dill (ohne Stiele)
200 g	Weißwein
200 g	Crème fraîche
1-2 TL	Meerrettich, scharf
1 EL	Butter
½ TL	Salz
1 Pr.	Zucker
1 Pr.	Pfeffer
1	Frühlingszwiebel, in Ringe geschnitten

Zubereitung:

• Dill bei **Stufe 8** durch die Deckelöffnung auf das laufende Messer fallen lassen.
• Restliche Zutaten (außer Frühlingszwiebel) zugeben und **4 Min./100°C/Stufe 1** aufkochen. Sauce zum Essen servieren und mit Frühlingszwiebelringe bestreuen.

Gesamt: 1003 Kcal | 10 g KH | 6 g EW | 89 g Fett

Dazu passt:
• Hähnchen / Pute
• Kartoffeln
• Nudeln

Perfekt zu weißem Spargel!

Dazu passt:
• Fisch
• Reis
• Kartoffeln

Perfekt zu weißem Spargel!

Saucen zum Spargel

Zitronen-Kapern-Sauce

½ Bd.	Petersilie
½ Bd.	Estragon
1	Bio-Zitrone
60 g	Olivenöl
3 EL	Kapern (Glas)

Zubereitung:

• Kräuter im Mixtopf
10 Sek./Stufe 8 zerkleinern.
• Schale der Zitrone fein
abreiben, 2 EL Saft auspressen.
• Zusammen mit den restlichen
Zutaten in den Mixtopf geben
und **10-15 Sek./Stufe 8**
mixen.
(Läuft das Messer aufgrund
der geringen Menge „leer",
Schmetterling einsetzen und
dann auf Stufe 3 verrühren).

Gesamt: 723 Kcal | 29 g KH |
3 g EW | 66 g Fett

Bozner Sauce

1 kl. Handvoll	Petersilie
1 kl. Handvoll	Kerbel
4	gekochte Eier, geschält, halbiert
1 TL	Senf
1 EL	Zitronensaft
30 g	Öl
20 g	Essig (Weinessig)
¼ TL	Salz & Pfeffer
1 Bd.	Schnittlauch, in Röllchen geschitten

Zubereitung:

• Kräuter im Mixtopf
10 Sek./Stufe 8 zerkleinern.
• Restliche Zutaten (außer Schnittlauch) zugeben und
5 Sek./Stufe 3-4 vermengen.
• Sauce zum Essen servieren und
mit Schnittlauch bestreuen.

Gesamt: 636 Kcal | 7 g KH |
30 g EW | 54 g Fett

*Perfekt zu
grünem Spargel!*

*Perfekt zu
weißem Spargel!*

Kalte Saucen....

Limetten-Mayonnaise

1	Eigelb
½ TL	Senf
2 Pr.	Salz
200 g	Rapsöl
1	Bio-Limette
	Cayennepfeffer

Zubereitung:

• Eigelb, Senf und Salz in den Mixtopf geben.
• Thermomix auf **Stufe 3,5** laufen lassen und dabei das Öl (vorher abgewogen) ganz langsam durch die Deckelöffnung zulaufen lassen, ohne dabei den Messerbecher abzunehmen.
• Limette heiß abwaschen und 1 TL Limettenschale abreiben. ½ Limette auspressen.
• Mayonnaise mit Limettenschale und Limettensaft abschmecken.

Gesamt: 1867 Kcal | 8 g KH | 4 g EW | 205 g Fett

Perfekt zu grünem Spargel!

Bärlauch-Aioli (ohne Ei)

10 gr.	Bärlauchblätter, ohne Stiele, halbiert
200 g	Schmand
½ TL	Salz
1 Pr.	Pfeffer
40 g	Öl

Zubereitung:

• Bärlauch in den Mixtopf geben und **3 Sek./Stufe 8** zerkleinern.
• Schmand, Salz und Pfeffer zugeben und **6 Sek./Stufe 3** verrühren.
• Thermomix auf **Stufe 3,5** laufen lassen und dabei das Öl (vorher abgewogen) ganz langsam durch die Deckelöffnung zulaufen lassen, ohne dabei den Messerbecher abzunehmen.

Gesamt: 842 Kcal | 9 g KH | 6 g EW | 88 g Fett

Tipp:

Schmeckt auch lecker als Dressing für gemischte Salate oder Nudelsalat.

Perfekt zu weißem Spargel!

Schnelle Spargelsuppe

Pro Portion:
184 Kcal | 14 g KH |
7 g EW | 11 g Fett

Zutaten:

50 g	Zwiebeln, halbiert
1 EL	Öl
500 - 600 g Spargel	
300 g	Kartoffeln, mehlig kochende in Stücken

1000 g	Wasser
1 ½ EL	Gemüsebrühpulver
etwas	Salz & Pfeffer
100 g	Frischkäse
etwas	Muskatnuss, gem.

Zubereitung:

• Zwiebel in den Mixtopf geben und **5 Sek./Stufe 5** zerkleinern.
• Öl zugeben und **2 Min./Varoma/Stufe 1** dünsten.
• Spargel in Stücke schneiden und die Spargelspitzen in den Varoma geben.
• Spargelstücke und Kartoffeln zum Zwiebel in den Mixtopf geben und **5 Sek./Stufe 5** zerkleinern.
• Wasser, Gemüsebrühpulver, Salz und Pfeffer zugeben, Mixtopf verschliessen. Varoma aufsetzen, das Ganze **18-20 Min./Varoma/Stufe 1** garen. Nach Garzeitende die Spargelspitzen in eine Suppenterrine geben.
• Frischkäse zur Suppe geben und **20-30 Sek./Stufe 10** pürieren.
Tipp: Da der Mixtopf sehr voll ist, zum Schutz ein Küchenhandtuch über Mixtopfdeckel und Messbecher legen, damit nichts rausspritzt.
• Die Suppe mit Muskat abschmecken und zu den Spargelspitzen in die Suppenterrine füllen.

Tipps für Variationen:

Seien Sie kreativ und verfeinern Sie diese Suppe noch mit...

• Schnittlauchröllchen
• Petersilie o. Kresse
• Schinkenwürfelchen

Spargel-Blätterteigmuffins

Pro Stück:
237 Kcal | 12 g KH |
10 g EW | 17 g Fett

Zutaten:

300 g	grünen Spargel	350 g	Magerquark
50 g	Frühlingszwiebel	½ Bd.	Schnittlauch,
500 g	Wasser		in Röllchen geschnitten
1 P.	Blätterteig	etwas	Salz & Pfeffer
120 g	Greyerzer Käse,		
	in Stücken		
2	Eigelb		

Zubereitung:

• Spargel und Frühlingszwiebeln, in kleine Stücke schneiden (ca. 2 cm lang) und in den Varoma geben. Wasser in den Mixtopf füllen, Varoma aufsetzen und das Ganze **17 Min./Varoma/Stufe 1** garen.
• In der Zwischenzeit Blätterteig ausrollen und mit Hilfe eines Glases 12 große Kreise (Ø 8 cm) ausstechen. Diese in die Mulden eines gefetteten Muffinblechs legen.
• Nach Garzeitende Mixtopf leeren, spülen und trocknen.
• Käse in den Mixtopf geben und **12 Sek./Stufe 6** zerkleinern.
• Eigelb, Magerquark, Schnittlauch, Salz und Pfeffer zugeben und **4 Sek./Stufe 4** vermengen.
• Gegarten Spargel und Frühlingszwiebel aus dem Varoma zugeben und **10 Sek./ ↺ /Stufe 2** vermengen.
• Masse in die Muffinmulden füllen und im vorgeheizten Backofen bei 180°C (Umluft) ca. 20 Min. backen.

Spargelsalat mit Räucherforelle und Erdbeeren

Zutaten:

1 kg	grüner Spargel
600 g	Wasser
150 g	gemischten Blattsalat (z.B. Rucola, Radiccio, Feldsalat, usw.)
250 g	Erdbeeren
2	geräucherte Forellenfilets

Zutaten Dressing:

75 g	Mandeln
5-6	Zitronenmelisseblätter
1	Bio-Zitrone, 2 TL Schale davon
50 g	Himbeeressig (altern. Apfelessig)
60 g	Öl

Salz, Zucker, frisch gem. Pfeffer

Zubereitung:

• Vom Spargel die Enden abschneiden. Spargel im unteren Drittel schälen und schräg in ca. 4-5 cm lange Stücke schneiden. In den Varoma geben.
• Wasser in den Mixtopf füllen, verschließen, Varoma aufsetzen und Spargel **15-18 Min./Varoma/Stufe 1** bissfest garen.
• In der Zwischenzeit Salat putzen, etwas zerkleinern und Erdbeeren in Scheiben schneiden. Forellenfilets mit den Händen grob zerrupfen und zusammen mit dem Salat und Erdbeeren in eine Schale geben.
• Nach Garzeitende, Spargel beiseite stellen, Mixtopf spülen und trocknen.
• Mandeln und Zitronenmelisse **8 Sek./Stufe 6-7** zerkleinern.
• Restliche Zutaten für das Dressing zugeben und **15 Sek./Stufe 4** mixen.
• Spargel und Dressing zum Salat geben und vermengen.

Pro Portion:
345 Kcal | 10 g KH |
16 g EW | 27 g Fett

Lauwarmer Spargel-Meerrettichsalat

Zutaten:

500 g	grünen Spargel	60 g	Garflüssigkeit
500 g	weißen Spargel		aus dem Mixtopf
600 g	Wasser	½ TL	Salz
300 g	Erdbeeren	¼ TL	Pfeffer
100 g	Meerrettich-Frischkäse	1 TL	Zucker
		1 Bd.	Schnittlauch,
			in Röllchen geschnitten

Zubereitung:

• Von beiden Spargelsorten die Enden abschneiden. Grünen Spargel nur im unteren Drittel schälen, weißen Spargel ganz schälen. Beides schräg in kleine Stücke schneiden und in den Varoma geben.

• Wasser in den Mixtopf füllen, verschließen und Varoma aufsetzen. Das Ganze **17 Min./Varoma/Stufe 1** garen.

• In der Zwischenzeit Erdbeeren putzen, halbieren und in Scheiben schneiden.

• Nach Garzeitende Spargel in eine Schüssel füllen und Garflüssigkeit auffangen.

• Meerrettich-Frischkäse, 60 g Garflüssigkeit, Salz und Pfeffer im Mixtopf **15 Sek./Stufe 4** mixen und über den Spargel geben. Erdbeeren und Schnittlauch hinzufügen und gut vermengen. Ggf. nochmals mit Salz, Pfeffer und Zucker abschmecken. Sofort lauwarm servieren.

Pro Portion:
123 Kcal | 11 g KH |
5 g EW | 6 g Fett

Italienischer Spargel-Nudelsalat

Zutaten:

1 kg	Spargel (grün oder weiß)	50 g	Wasser
200 g	Nudeln, nach Wahl	30 g	Balsamicoessig, dunkel
1	Knoblauchzehe	½ TL	Gemüsebrühpulver
1	kl. Zwiebel, halbiert	Salz, Pfeffer, italienische Kräuter	
50 g	getr. Tomaten, in Öl eingelegt, abgetropft	1 Bd.	Rucola
30 g	Olivenöl	30 g	Parmesanspäne (mit einem Sparschäler abgezogen)

Zubereitung:

• Vom Spargel die Enden abschneiden. Spargel schälen und schräg in ca. 4-5 cm lange Stücke schneiden. In den Varoma geben.
• 600 g Wasser in den Mixtopf füllen, verschließen, Varoma aufsetzen und Spargel **15-18 Min./Varoma/Stufe 1** bissfest garen.
• In der Zwischenzeit Nudeln in reichlich Salzwasser bissfest garen.
• Nach Garzeitende Varoma zur Seite stellen, Garflüssigkeit weggießen.
• Knoblauch, Zwiebel und Tomaten **5 Sek./Stufe 5** zerkleinern.
• Öl zugeben und **3 Min./100°C/Stufe 1** dünsten.
• Wasser, Essig und Gewürze zugeben, **10 Sek./Stufe 3** vermischen. (Ggf. nochmals nachwürzen, die Sauce sollte pikant sein!)
• Tomatensauce, Nudeln, Spargel und Rucola in einer Schüssel vermengen und mit Parmesanspäne bestreut servieren. Schmeckt lauwarm oder kalt!

Pro Portion:
426 Kcal | 54 g KH | 17 g EW | 15 g Fett

Hähnchen-Spargel-Pasta

Zutaten:

400 g	Spargel	150 g	Crème fraîche
150 g	Cocktailtomaten	1-2 TL	Speisestärke
400 g	Hähnchenbrust	1 Spritzer Zitronensaft	
500 g	Tagliatelle	½ TL	Salz
1	Knoblauchzehe	¼ TL	Pfeffer
1 Handvoll gem. Kräuter		½ Kästchen Kresse,	
(z.B. Petersilie, Oregano usw.)			zum Bestreuen

Zubereitung:

• Vom Spargel die Enden abschneiden. Spargel schälen und schräg in ca. 4-5 cm lange Stücke schneiden. Cocktailtomaten halbieren, Fleisch in Streifen schneiden. Alles in den Varoma geben.
• 650 g Wasser in den Mixtopf füllen, verschließen und Varoma aufsetzen. Das Ganze **22 Min./Varoma/Stufe 1** garen.
• In der Zwischenzeit Nudeln in reichlich Salzwasser bissfest garen.
• Nach Garzeitende Varoma warm halten, Mixtopf leeren, dabei 75 g Garflüssigkeit auffangen.
• Knoblauch und Kräuter bei **Stufe 8** durch die Deckelöffnung zugeben.
• Garflüssigkeit, Crème fraîche, Stärke, Zitronensaft, Salz und Pfeffer zugeben und **3 Min./100°C/Stufe 4** aufkochen.
• Sauce mit Fleisch, Spargel, Tomaten und Nudeln mischen.
Auf 4 Tellern anrichten und mit Kresse bestreut servieren.

Pro Portion:
880 Kcal | 119 g KH | 46 g EW | 24 g Fett

sehr gut !

Kräuterpfannkuchen mit Spargel-Pilz-Gemüse

Zutaten für die Pfannkuchen:

1 Handvoll frische Kräuter
4 Eier
350 g Mehl
400 g Mineralwasser mit Kohlensäure
½ TL Salz

Zutaten:

600 g	Wasser	200 g	Sahne
50 g	Zitronensaft	1 TL	Gemüse- brühpulver
500 g	Spargel		
250 g	Champignons	½ TL	Salz
50 g	Butter	1 Prise	Pfeffer
40 g	Mehl	etwas	Petersilie, frisch
200 g	Garflüssigkeit (Mixtopf)		

Zubereitung:

• Zutaten für die Pfannkuchen **30 Sek./Stufe 5** vermengen. Teig in eine Schüssel füllen und Mixtopf spülen.
• Wasser und Zitronensaft in den Mixtopf geben. Spargel von den holzigen Enden befreien, schälen und schräg in kleine Stücke schneiden. Pilze in Scheiben schneiden und beides in den Varoma geben. Varoma aufsetzen und **18 Min./Varoma/Stufe 1** garen.
• In der Zwischenzeit aus dem Teig Pfannkuchen zubereiten.
• Nach Garzeitende Mixtopf leeren, dabei 200 g Garflüssigkeit auffangen.
• Butter in den Mixtopf geben und **3 Min./100°C/Stufe 1** schmelzen.
• Mehl zugeben und **3 Min./100°C/Stufe 2** anschwitzen.
• Garflüssigkeit, Sahne, Brühe, Salz, Pfeffer und Petersilie hinzufügen und **3 Min./90°C/Stufe 4** aufkochen.
• Spargel & Pilze aus dem Varoma zugeben und **2 Min./80°C/Stufe 1** erhitzen. Gemüse zusammen mit den Pfannkuchen servieren.

Pro Portion:
702 Kcal | 76 g KH | 23 g EW | 34 g Fett

Spargelflammkuchen mit Schwarzwälder-Schinken

Zutaten für den Teig:

180 g	Wasser
½ Würfel	Hefe
400 g	Mehl
1 TL	Salz
50 g	Öl

Zutaten:

150 g	würzigen Hartkäse, z.B. Greyerzer
400 g	grünen Spargel
300 g	Saure Sahne
etwas	Salz und Pfeffer
50 g	Walnusskerne
2 EL	Zucker
8 Scheiben	Schwarzwälder Schinken

Zubereitung:

• Hartkäse in den Mixtopf geben und **15 Sek./Stufe 6** reiben. Umfüllen.
• Teigzutaten in den Mixtopf geben und **1 Min./Teigstufe** kneten.
• Den Teig auf einer bemehlten Arbeitsfläche zu 2 Fladen ausrollen und auf 2 mit Backpapier belegte Backbleche geben. Ca. 20 Min. gehen lassen.
• In der Zwischenzeit die Enden des Spargels abschneiden und Spargel im unteren Drittel schälen. Anschließend mit Hilfe eines Hobels oder eines Schälers der Länge nach in dünne Scheiben schneiden.
• Teigfladen mit Saurer Sahne bestreichen und mit Salz und Pfeffer würzen. Spargel darauf verteilen.
• Walnusskerne mit einem Messer grob hacken und auf die Flammkuchen streuen. Zum Schluss mit Zucker und Käse bestreuen und im vorgeheizten Backofen bei 200°C Ober-/Unterhitze ca. 20 Min. backen.
Vor dem Servieren mit Schwarzwälder Schinken belegen.

Pro Portion:
692 Kcal | 54 g KH | 25 g EW | 41 g Fett

sehr gut !

Gnocchi-Spargelgratin
mit Paprikarahm

Zutaten:

150 g	Hartkäse (z.B. Emmentaler)	1 EL	Paprikapulver, edelsüß
2	rote Paprikaschoten, in Stücken	1 TL	Salz
		½ TL	Pfeffer
1	Zwiebel, halbiert	180 g	Gemüsebrühe
1	rote Chilischote, entkernt	130 g	Sahne
2	Knoblauchzehen	500 g	Gnocchi
20 g	Olivenöl		(frische, Kühlregal)
		500 g	grünen Spargel

Zubereitung:

• Käse **15 Sek./Stufe 5-6** reiben. Umfüllen.

• Paprika, Zwiebel, Chilischote u. Knoblauch im Mixtopf **5 Sek./Stufe 6** zerkleinern.

• Öl, Paprikapulver, Salz, Pfeffer und Gemüsebrühe zugeben und **15 Min./100°C/Stufe 1** kochen.

• Sahne zugeben und **15 Sek./Stufe 8** pürieren.

• Vom Spargel die Enden abschneiden und diesen im unteren Drittel schälen. Anschließend in kleine Stücke schneiden. Zusammen mit den Gnocchi in kochendem Salzwasser ca. 4-5 Min. kochen.

• Eine Auflaufform fetten und Paprikarahm hineingeben. Spargel-Gnocchi daraufgeben, mit geriebenem Käse bestreuen und im vorgeheizten Backofen bei 200°C (Ober-/Unterhitze) ca. 20-25 Min. überbacken.

Pro Portion:
527 Kcal | 52 g KH | 21 g EW | 27 g Fett

Rinderfilet mit Bärlauchkruste und grünem Spargel

Zutaten:

30 g	Parmesan
50 g	Bärlauch, ohne Stiele
4	Toastbrotscheiben
75 g	Butter
etwas	Salz & Pfeffer
4	Rinderfiletstücke (á 200 g)
500 g	Spargel

Dazu passt:

- Bärlauch-Sahne-Sauce (Seite 21)
- Zitronen-Basilikum-Sauce (Seite 5)

Zubereitung:

- Parmesan im Mixtopf **10 Sek./Stufe 8** reiben. Bärlauch zugeben und **5 Sek./Stufe 8** hacken. Toastscheiben vierteln, zugeben und **5 Sek./Stufe 5** zerkleinern. Masse umfüllen.
- Butter, Salz und Pfeffer **3 Min./100°C/Stufe 1** schmelzen. Bärlauchmasse zugeben und **10 Sek./Stufe 3** vermengen. Umfüllen, Mixtopf spülen.
- Nun 500 g Wasser + 1 TL Salz in den Mixtopf füllen. Den Spargel im Varoma ca. **25 Min./Varoma/Stufe 1** garen. (Je nach Dicke der Stangen).
- In der Zwischenzeit Rinderfilet in einer heißen Pfanne mit etwas Öl von jeder Seite ca. 3-4 Min. anbraten. Filetstücke in eine Auflaufform geben, Bärlauchmasse darauf verteilen und im vorgeheizten Backofen bei 160-180°C (Ober-/Unterhitze) ca. 15 Min. weiter garen. Je nach Dicke und gewünschter Garstufe des Fleisches.
- Fleisch zusammen mit dem Spargel servieren.

Pro Portion:
582 Kcal | 18 g KH | 67 g EW | 27 g Fett

Lachs mit Spargel und Curry-Zitronen-Sahne

Zutaten:

200 g	Sahne	250 g	Lachs
1 TL	Curry	120 g	Reis (Langkornreis)
1 EL	Zitronensaft	1 TL	Öl
½ TL	Salz	500 g	Spargel, weiß o. grün
1 Pr.	Pfeffer		

Zubereitung:

• Sahne und Curry in den Mixtopf geben und **ca. 8-10 Sek./Stufe 10** aufschlagen. (Ohne Rühraufsatz!). Im Anschluss mit dem Spatel nach unten Richtung Topfboden schieben.

• Zitronensaft, Salz und Pfeffer zugeben und **3 Sek./Stufe 5** verrühren. Sahne umfüllen, kalt stellen und Mixtopf spülen.

• Reis in das Garkörbchen einwiegen. Waage neu einstellen, dann Wasser (TM31: 700 g / TM5: 1.200 g) und Öl einfüllen (dadurch wird der Reis gewässert). Vom Spargel die Enden abschneiden und schälen. Zusammen mit dem Lachs in den Varoma geben. Varoma aufsetzen und das Ganze **20-22 Min./Varoma/Stufe 1** garen. (Je nach Dicke der Stangen.)

• Spargel, Lachs und Reis auf 2 Tellern anrichten. Nochmals mit Salz und Pfeffer bestreuen und zusammen mit der Currysahne servieren.

Pro Portion:
777 Kcal | 56 g KH | 35 g EW | 46 g Fett

Bärlauchknödel mit Champignonsauce

Zutaten für die Knödel:

80 g	Bärlauch, ohne Stiele
1	Zwiebel, halbiert
20 g	Butter, alternativ Öl
200 g	altbackene Brötchenreste, in Stücken
100 g	Milch
1 Pr.	Muskat
etwas	Salz & Pfeffer
2	Eier
½ TL	Backpulver

Zutaten für die Sauce:

1	Zwiebel, halbiert
500 g	Champignons, geviertelt
20 g	Butter, alternativ Öl
100 g	Weißwein
1 TL	Gemüsebrühpulver
100 g	Schmand
Je 1 Pr.	Salz, Pfeffer, Muskat
Nach Belieben Kräuter	

Zubereitung Knödel:

• Bärlauch waschen, trocken tupfen und halbieren. **5-10 Sek/Stufe 7** zerkleinern. Umfüllen. Zwiebel **5 Sek./Stufe 5** zerkleinern. Butter zugeben, **3 Min./Varoma/Stufe 1** dünsten.
• Brötchenreste hinzufügen und **5 Sek./Stufe 6-7** zerkleinern. Milch zugeben, **2 Min./100°C/Stufe 1** erwärmen.
• Muskat, Salz, Pfeffer, zerkleinerten Bärlauch, Eier und Backpulver hinzugeben und **20 Sek./Stufe 4** verrühren. Die Masse in eine Schüssel umfüllen und ca. 15-20 Min. ruhen lassen. Mixtopf spülen.

Pro Portion:
512 Kcal | 43 g KH | 19 g EW | 26 g Fett

• Aus dem Teig mit leicht feuchten Händen ca. 15-20 kleine Knödel formen. Die Knödel im Varoma unten sowie auf dem Einlegeboden verteilen.
• Zwiebel in den Mixtopf geben und **3 Sek./Stufe 5** zerkleinern.
• Champignons, Butter und 100 g Wasser zugeben, **6 Min./Varoma/ ⟳/Stufe 1** andünsten.
• Weißwein, 100 g Wasser und Gemüsebrühpulver zugeben, Mixtopf verschließen, Varoma aufsetzen und **20-25 Min./Varoma/ ⟳/Stufe 1** garen.
• Nach Ende der Garzeit Varoma beiseite stellen. Restliche Zutaten in den Mixtopf geben und **20 Sek./ ⟳ /Stufe 2** verrühren.
• Die Champignonsauce zusammen mit den Knödeln servieren.

Pasta mit Bärlauch-Frischkäse-Sauce

Zutaten:

250 g	Nudeln, nach Wahl	100 g	Frischkäse
30 g	Parmesan	20 g	Wasser (o. Nudelwasser)
20 g	Bärlauch, ohne Stiele	1 Spritzer	Zitronensaft
30 g	Walnusshälften	etwas	Salz & Pfeffer
100 g	Sahne		

Zubereitung:

- Nudeln in reichlich Salzwasser nach Packungsanweisung garen.
- Parmesan in den Mixtopf geben und **15 Sek./Stufe 7** reiben.
- Bärlauch und Walnusshälften hinzufügen und **8 Sek./Stufe 5** zerkleinern.
- Restliche Zutaten (außer die Nudeln) zugeben und **3:30 Min./100°C/Stufe 2** aufkochen.
- Sauce über die Nudeln geben und servieren.

Tipps für Variationen:

Seien Sie kreativ und verfeinern Sie dieses Pastagericht noch mit...

- Cocktailtomaten & Rucola
- Schinken & Spargel
- gebratene Putenbrust-streifen

Pro Portion:
962 Kcal | 119 g KH | 31 g EW | 40 g Fett

Bärlauch Tzaziki

Zutaten:

1 Bd.	Bärlauch, ohne Stiele
1	Salatgurke
150 g	Sahnejoghurt
1-2 TL	Weißweinessig
1 TL	Olivenöl

Zubereitung:

Gesamt:
305 Kcal | 14 g KH | 12 g EW | 21 g Fett

• Bärlauch im Mixtopf
3 Sek./Stufe 8 hacken.
• Salatgurke waschen (nicht
schälen) und der Länge nach halbieren. Kerne herausschneiden und
Gurke in Stücken in den Mixtopf geben. **6 Sek./Stufe 3-4** zerkleinern.
• Joghurt, Essig und Öl hinzufügen und ca. **20 Sek./ ⟳ /Stufe 2-3**
verrühren.

Bärlauch-Sahne-Sauce

Zutaten:

50 g	Zwiebel	100 g	Sahne
10 g	Olivenöl	100 g	Frischkäse
150 g	Weißwein	30-40 g	Mehl
150 g	Milch		Salz, Pfeffer, 1 Prise Suppenwürze
		50 g	Bärlauch, in dünne Streifen geschnitten

Zubereitung:

• Zwiebel **5 Sek./Stufe 5** zerkleinern. Öl zugeben, **2 Min./Varoma/Stufe 1**
dünsten.
• Restliche Zutaten (außer Bärlauch) zugeben und **8 Min/100 °C/Stufe 3**
(wenn es hoch kocht auf **90 °C** zurückstellen) kochen.
• Bärlauch zugeben und weitere **4 Min/90 °C/Stufe 2** kochen.
Ggf. nochmals abschmecken.

Ergibt ca. 650 g
Gesamt: 1113 Kcal | 44 g KH | 24 g EW | 77 g Fett

Bärlauch-Schafskäse-Aufstrich

Zutaten:

30 g	Bärlauch
200 g	Schafskäse, fettarm in Stücken
100 g	Frischkäse, fettarm
25 g	Olivenöl
1 TL	Zitronensaft
25 g	Milch
etwas	Salz & Pfeffer

Ergibt ca. 390 g
Gesamt: 659 Kcal | 8 g KH | 56 g EW | 45 g Fett

Zubereitung:

• Bärlauch im Mixtopf **3 Sek./Stufe 8** hacken.
• Restliche Zutaten zugeben und **20 Sek./Stufe 4** vermengen.
• Ggf. nochmal mit Salz und Pfeffer abschmecken. Vor dem Servieren ca. 1 Std. ziehen lassen.
Tipp: Wer es cremiger möchte, einfach Milch oder Sahne zugeben.

Bärlauch-Obatzter

Zutaten:

80 g	Bärlauch
30 g	Butter, weich
200 g	Camembert, in Stücken
100 g	Frischkäse
etwas	Salz & Pfeffer

• Bärlauch im Mixtopf **5 Sek./Stufe 8** hacken.
• Restliche Zutaten zugeben und **20 Sek./Stufe 4** vermengen.

Ergibt ca. 410 g | Gesamt: 1151 Kcal
6 g KH | 54 g EW | 102 g Fett

Bärlauch-Dip

Zutaten:

8-10	Bärlauchblätter
120 g	Saure Sahne
100 g	Naturjoghurt, 3,5%
1-2 TL	Senf, mittelscharf
1 EL	Zitronensaft
1 TL	Honig
etwas	Salz & Pfeffer

• Bärlauch im Mixtopf kurz auf **Stufe Turbo** hacken.
• Restliche Zutaten zugeben und **20 Sek./Stufe 3** vermengen.

Ergibt ca. 290 g
Gesamt: 261 Kcal | 20 g KH | 8 g EW | 16 g Fett

Bärlauchröllchen mit Tomatencreme

Zutaten:

80 g   Bärlauch
250 g   Milch
2   Eier
100 g   Mehl
½ TL   Salz

Zutaten Tomatencreme:

80 g   getr. Tomaten, in Öl eingelegt,
          abgetropft
200 g   Frischkäse
10 g   Tomatenmark
1 TL   italienische Kräuter
etwas   Salz & Pfeffer

Zubereitung:

- Bärlauch im Mixtopf **5 Sek./Stufe 8** hacken.
- Milch, Eier, Mehl und Salz zugeben und **15 Sek./Stufe 5** mixen.
(Teig ist sehr flüssig!). Den Teig auf ein mit Backpapier ausgelegtes Blech schütten und im vorgeheizten Backofen (225°C Umluft) ca. 10-11 Min. backen. Herausnehmen, abkühlen lassen, auf eine Schneidunterlage stürzen und mit folgender Creme bestreichen:
- Tomaten im Mixtopf **5 Sek./Stufe 6** zerkleinern.
- Restliche Zutaten für die Creme zugeben und **20 Sek./Stufe 4** vermengen.
- Creme auf die Teigplatte streichen, aufrollen und in Scheiben schneiden. Fertig!

Pro Portion: 426 Kcal | 28 g KH | 16 g EW | 27 g Fett

Erdbeeren mit Limetten-Schafskäsecreme

Zutaten:

3 gr.	Basilikumblätter
10 g	Limettensaft
1 TL	Puderzucker
80 g	Schafskäse
250 g	Erdbeeren, halbiert
etwas	roten Pfeffer zum Bestreuen

Zubereitung:

• Basilikumblätter, Limettensaft, Puderzucker und Schafskäse in den Mixtopf geben und **20 Sek./Stufe 4** zu einer Creme verrühren.

• Creme auf den halbierten Erdbeeren verteilen und mit rotem Pfeffer bestreut servieren.

Pro Portion: 73 Kcal | 5 g KH | 4 g EW | 4 g Fett

Bunter Tomate-Mozzarella-Salat mit Erdbeer-Vinaigrette

Zutaten:

2 Salatherzen
1 kl. Kopf roter Radiccio
1 Bd. Rucola
250 g Cocktailtomaten
125 g Mini-Mozzarella-Kugeln

Zutaten Vinaigrette:

150 g Erdbeeren
½ TL Salz
¼ TL Pfeffer
½ TL Puderzucker
40 g Wasser
30 g Zitronensaft
30 g neutrales Öl (oder Olivenöl, je nach Geschmack)

Zubereitung:

• Salatherzen und Radiccio waschen, putzen und klein-schneiden. Zusammen mit dem Rucola in eine Schüssel geben. Cocktailtomaten halbieren und mit den Mozzarella-Kugeln über den Salat geben.

• Alle Zutaten für die Vinaigrette im Mixtopf **20 Sek./Stufe 7** mixen und über den Salat geben.
Gut vermengen und sofort servieren.

Pro Portion: 204 Kcal | 8 g KH | 9 g EW | 14 g Fett

Avocado-Erdbeer-Salat mit Ingwer-Dressing und Garnelen

Zutaten:

1 Schüssel grünen gemischten Salat, nach Wahl	
200 g	Erdbeeren, geviertelt
2	Avocados
1 kl. Stk. Ingwer, ca. haselnussgroß, geschält (altern. 1-2 Msp. Ingwer, gem.)	

1	Zitrone, Saft davon
1 TL	Honig
1 Pr.	Salz
1 Pr.	Pfeffer
60 g	Cashewkerne
500 g	Garnelen

Zubereitung:

• Salat putzen und ggf. klein schneiden. Zusammen mit den Erdbeeren in eine Schüssel geben. Avocado schälen, Kern entfernen und Avocadofleisch in Stücke schneiden. Beiseite legen.

• Ingwer bei **Stufe 8** durch die Deckelöffnung auf das laufende Messer fallen lassen. Zitronensaft, Honig, Salz und Pfeffer zugeben und **20 Sek./Stufe 4** mixen.

• Avocadostücke zugeben und **3 Sek./Stufe 3** vermengen.

• Cashewkerne in einer Pfanne ohne Fett leicht rösten und zum Salat geben. Garnelen mit etwas Öl in der Pfanne anbraten.

• Nun das Dressing samt Avocados aus dem Mixtopf über den Salat geben, gut vermengen und mit den gebratenen Garnelen servieren.

Pro Portion: 502 Kcal | 14 g KH | 32 g EW | 35 g Fett

Erdbeer-Hähnchensalat

Zutaten:

150 g	Gouda, in Stücken	150 g	Äpfel, mit Schale in Stücken
500 g	Wasser	50 g	Zitronensaft
1 EL	Gemüsebrühpulver	40 g	Mayonnaise
400 g	Hähnchenbrustfilet	1 TL	Zucker
200 g	Erdbeeren	½ TL	Salz
½	Salatgurke	¼ TL	Pfeffer
1	rote Paprikaschote	¼ TL	Cayennepfeffer

Zubereitung:

• Käse im Mixtopf **15 Sek./Stufe 5** reiben. Umfüllen, Mixtopf spülen.
• Wasser und Gemüsebrühpulver in den Mixtopf füllen.
Hähnchenbrust in kleine Stücke schneiden. Mit etwas Salz, Pfeffer und Cayennepfeffer würzen und in den Varoma geben. Varoma aufsetzen und das Ganze **18-20 Min./Varoma/Stufe 1** garen.
• In der Zwischenzeit Erdbeeren, Gurke und Paprika in kleine Stücke schneiden und zusammen mit dem geriebenen Käse in eine Schüssel geben.
• Nach Garzeitende Mixtopf leeren. Apfelstücke, Zitronensaft, Mayonnaise, Zucker, Salz, Peffer und Cayennepfeffer **5 Sek./Stufe 4** vermengen.
• Apfelmasse und Fleisch ebenfalls in die Schüssel geben, gut vermengen und ggf. mit Salz, Pfeffer und Cayennepfeffer nochmals abschmecken.

Pro Portion: 428 Kcal | 13 g KH | 34 g EW | 26 g Fett

Erdbeercarpaccio mit Vanille-Eierlikör-Creme

Zutaten:

300 g	Erdbeeren	250 g	Magerquark
1 Fl.	Cremefine zum Schlagen, 250 ml (z.B. von Rama)	70 g	Eierlikör (altern. 50 g Milch)
		20 g	Milch
½	Vanilleschote, Mark davon	30 g	Zucker

Zubereitung:

• Erdbeeren in hauchdünne Scheiben schneiden. Am besten mit Hilfe eines Küchenhobels. Kreisförmig auf 4 Tellern anrichten.

• Cremefine zum Schlagen in den Mixtopf geben und **5 Sek./Stufe 10** aufschlagen. (Muss nicht ganz steif sein!)

• Restliche Zutaten zugeben und **15 Sek./Stufe 4** verrühren.

• Creme mit Hilfe eines Spritzbeutels auf das Erdbeercarpaccio geben und ggf. mit Minze und gehackten Pistazien servieren.

Pro Portion: 288 Kcal | 22 g KH | 11 g EW | 15 g Fett

Erdbeer-Prosecco-Dessert

Zutaten:

2 P.	Puddingpulver (Sahnegeschmack)
500 g	Prosecco
80 g	Zucker
500 g	Mascarpone
700 g	Erdbeeren

Zubereitung:

• Puddingpulver mit 100 g Prosecco und 30 g Zucker **10 Sek./Stufe 5** vermengen. Restlichen Sekt zugeben und **4:30 Min./100°C/Stufe 2** aufkochen. Im Mixtopf auf 37°C abkühlen lassen.

• Mascarpone zugeben und **40 Sek./Stufe 4** vermengen. Ggf. Spatel zur Hilfe nehmen. Creme auf 8 Gläser verteilen. Mixtopf spülen.

• Erdbeeren mit 50 g Zucker **15 Sek./Stufe 7** pürieren und das Püree auf die Creme geben. Ggf. mit einer Erdbeere garniert servieren.

Pro Glas: 444 Kcal | 28 g KH | 4 g EW | 30 g Fett

Erdbeer-Frucht-Bowle

Zutaten:

500 g	Erdbeeren
100 g	Zucker
500 g	Eiswürfel
1 kl. Dose Ananas,	
	in Scheiben

1 kl. Dose Pfirsiche, halbiert
1 L   Weißwein
1 Fl.   Sekt (0,75 L)
ein paar Minzeblätter
         zum Garnieren

Zubereitung:

• 200 g Erdbeeren und Zucker in den Mixtopf geben und **10 Sek./Stufe 8** pürieren.

• Eiswürfel hinzufügen und **3 Sek./Stufe 4** mischen. In ein Bowlegefäß oder eine große Schüssel geben.

• Restliche Erdbeeren und Früchte in Stücke schneiden und hinzufügen.

• Wein und Sekt zugießen und mit Minzeblättern garniert servieren.

Als alkoholfreie Variante verwenden Sie statt Weißwein z.B. Rhabarbersaft und füllen mit alkoholfreiem Sekt auf.

Pro Glas: 160 Kcal | 17 g KH | 1 g EW | 0 g Fett

Erdbeer-Creme-Waffeln

Zutaten:

1 Fl.	Cremefine zum Schlagen, 250 ml (z.B. von Rama)	1	Bio-Zitrone, Schale davon
		1 P.	Vanillezucker
		16	Waffelbecher
70 g	Zucker		
500 g	Erdbeeren		

Zubereitung:

• Cremefine zum Schlagen und 20 g Zucker in den Mixtopf geben und mit Hilfe des Rühraufsatzes auf **Stufe 3** steif schlagen. In eine Schüssel umfüllen. Rühraufsatz entfernen.
• Restlichen Zucker, 250 g Erdbeeren und Zitronenschale **10 Sek./Stufe 8** pürieren.
• 2-3 EL Püree aus dem Mixtopf zur Sahne geben und vorsichtig unterheben.
• Restliche Erdbeeren in kleine Würfel schneiden. Zusammen mit dem Vanillezucker im Mixtopf **3 Sek./Stufe 3** vermengen.
• Erdbeermasse auf 16 Waffelbecher verteilen.
• Sahne in einen Spritzbeutel geben und in die Waffeln spritzen.

Pro Becher:
79 Kcal | 9 g KH |
1 g EW | 4 g Fett

Erdbeer-Joghurt-Dressing

Zutaten:

100 g	Erdbeeren
50 g	Naturjoghurt
10 g	Balsamico-Essig
20 g	Apfelessig
10 g	Öl
½ TL	Honig
etwas	Salz & Pfeffer

Zubereitung:

• Alle Zutaten für das Dressing in den Mixtopf geben und **15 Sek./Stufe 7** mixen.

Ergibt ca. 200 g Dressing
Gesamt: 191 Kcal | 16 g KH | 3 g EW | 12 g Fett

Erdbeer-Chutney

Lecker zu paniertem Käse (Camembert oder Feta) oder zu Gegrilltem!

Zutaten:

½	Zwiebel
130 g	Erdbeeren
1 TL	eingelegte Pfefferkörner
10 g	Himbeeressig (altern. Balsamico)
10 g	Olivenöl
1 TL	Honig

Ergibt ca. 180 g Chutney
Gesamt: 172 Kcal | 17 g KH | 2 g EW | 11 g Fett

Zubereitung:

• Zwiebel in den Mixtopf geben, **4 Sek./Stufe 5** hacken.
• Restliche Zutaten hinzufügen und **2-3 Sek./Stufe 4** zerkleinern.

Erdbeer-Salsa

Zutaten:

1	rote Chilischote, entkernt	150 g	Erdbeeren
½	Zwiebel		(große bitte halbieren)
1 Handvoll	Petersilie o. Koriander	½ TL	Salz
1 kl.	rote Paprikaschote, in Stücken	1 EL	Orangensaft
2	Frühlingszwiebel,	1 EL	Essig (z.B. Himbeeressig)
	in Ringe geschnitten	1 TL	Honig
1	Tomate, gewürfelt	10 g	Olivenöl

Zubereitung:

• Chilischote, Zwiebel, Kräuter und Paprika im Mixtopf **5 Sek./Stufe 6** zerkleinern.
• Restliche Zutaten zugeben und **4-5 Sek./Stufe 4** zerkleinern.

Diese Salsa passt perfekt zu Gegrilltem! Egal ob Fisch oder Fleisch.

Ergibt ca. 420 g
Gesamt: 222 Kcal | 24 g KH | 5 g EW | 11 g Fett

sehr gut!

Erdbeerkonfitüre mit Passionsfrucht

Zutaten:

400 g	Erdbeeren
300 g	Gelierzucker 2:1
10	Passionsfrüchte
	(Maracujas ca. 250 g)

(4 EL Maracujasaft tun's auch)

Pro Glas: 386 Kcal | 89 g KH |
2 g EW | 1 g Fett

Zubereitung:

• Erdbeeren und Gelierzucker **15 Sek./Stufe 8** pürieren.
• Passionsfrüchte halbieren, Fruchtfleisch und Kerne mit einem Löffel herausnehmen und durch ein Sieb streichen. (Damit werden die Kerne entfernt).
• Passionsfruchtmark in den Mixtopf geben und **10-12 Min./100°C/Stufe 2** kochen.
• Gelierprobe machen und in heiß ausgespülte Schraubgläser füllen.

Hinweis:

Nach dem Kochen immer erst Gelier- probe machen und erst dann in heiß ausgespülte Schraub- gläser füllen. Gut verschließen und Gläser ca. 5 Min. auf den Kopf stellen.